MISERERE

Adélia Prado

MISERERE

7ª edição

EDITORA RECORD
RIO DE JANEIRO • SÃO PAULO
2022

CIP-BRASIL. CATALOGAÇÃO NA PUBLICAÇÃO
SINDICATO NACIONAL DOS EDITORES DE LIVROS, RJ

P915m
7ª ed.
Prado, Adélia, 1935-
 Miserere / Adélia Prado. – 7ª ed. – Rio de Janeiro: Record, 2022.

 ISBN 978-85-01-10173-0

 1. Poesia brasileira. I. Título.

13-07020
CDD: 869.91
CDU: 821.134.3(81)-3

Copyright © 2013 by Adélia Prado

Capa: Diana Cordeiro

Texto revisado segundo o novo Acordo Ortográfico da Língua Portuguesa.

Direitos exclusivos desta edição reservados pela
EDITORA RECORD LTDA.
Rua Argentina, 171 – 20921-380 – Rio de Janeiro, RJ – Tel.: (21) 2585-2000

Impresso no Brasil

ISBN 978-85-01-10173-0

Seja um leitor preferencial Record.
Cadastre-se em www.record.com.br e receba
informações sobre nossos lançamentos e
nossas promoções.

EDITORA AFILIADA

Atendimento e venda direta ao leitor:
sac@record.com.br

Ó meu corpo, protege-me da alma o mais que puderes.
Come, bebe, engorda, torna-te espesso para que ela
me seja menos pungente.

Marie Noël — *Notas íntimas*

Sarau

... palavras agrupam-se de súbito como para uma procissão ou dança sem pedir-me ordem ou conselho.

Marie Noël — *Notas íntimas*

BRANCA DE NEVE

Caibo melhor no mundo
se me dou conta do que julgava impossível:
'Nem todo alemão conhece Mozart.'
Um óbvio, pois nem é preciso,
cada país tem seu universal
e basta um para nos entendermos.
Com os russos me sinto em casa,
não podem ver uma névoa,
uma aguinha, uma flor no capim
e param eternos minutos fazendo diminutivos.
Como o jagunço Riobaldo que sabe do mundo todo
e tem Minas Gerais na palma de sua mão.
Fico hiperbólica para chegar mais perto.
"Geração perversa, raça de víboras"
não é também um exagero do Cristo
para vazar sua raiva?
Escribas e fariseus o tiravam do sério.
Mas todos eles? Todos?
Cheiramos mal, a maioria,
e sofremos de medo, todos. O corpo quer existir,
dá alarmes constrangedores.
Me inclino aos apócrifos como quem cava tesouros.
É evangélico que trabalhem cantando
os anõezinhos da história.

No fundo todos queremos
conhecer biblicamente,
apesar de que os pés de página,
por mania de limpeza,
não é sempre que ajudam.
O verdadeiro é sujo,
destinadamente sujo.
Não são gentilezas as doçuras de Deus.
Se tivesse coragem, diria
o que em mim mesma produziria vergonha,
vários me odiariam,
feridos de constrangimento.
Graças a Deus sou medrosa,
o instinto de sobrevivência
me torna a língua gentil.
Aceito o elogio
de que demonstro 'tino escolhitivo'.
Pra quem me pede dou listas de filme bom.
Demoro a aprender
que a linha reta é puro desconforto.
Sou curva, mista e quebrada,
sou humana. Como o doido,
bato a cabeça só pra gozar a delícia
de ver a dor sumir quando sossego.

A PACIÊNCIA E SEUS LIMITES

Dá a entender que me ama,
mas não se declara.
Fica mastigando grama,
rodando no dedo sua penca de chaves,
como qualquer bobo.
Não me engana a desculpa amarela:
'Quero discutir minha lírica com você.'
Que enfado! Desembucha, homem,
tenho outro pretendente
e mais vale para mim vê-lo cuspir no rio
que esse seu verso doente.

A SEMPRE-VIVA

Gostava de cantar *A flor mimosa*:
"Nas *pétulas* de ouro
que esta flor ostenta…"
Pétula, a palavra errada,
agulha no coração,
uma certa vergonha,
culpa por lhe ter dito:
é pétala, pai, é pétala.
Ah! Pois venho cantando errado a vida inteira.
Que vale essa lembrança?
Cinquenta anos já e a agulha tornada faca,
sua lâmina ainda vibra.
É excruciante o amor,
mas por nada no mundo trocarei sua pena.

SENHA

Eu sou uma mulher sem nenhum mel
eu não tenho um colírio nem um chá
tento a rosa de seda sobre o muro
minha raiz comendo esterco e chão.
Quero a macia flor desabrochada
irado polvo cego é meu carinho.
Eu quero ser chamada rosa e flor
eu vou gerar um cacto sem espinho.

UMA PERGUNTA

Vede como nossos filhos nos olham,
como nos lançam em rosto
uma conta que ignorávamos.
Não cariciosos, convertem em pura dor
a paixão que os gerou.
Por qual ilusão poderosa
nos veem assim tão maus,
a nós que, tal como eles,
buscamos a mesma mãe,
concha blindada a salvo de predadores.

HUMANO

A alma se desespera,
mas o corpo é humilde;
ainda que demore,
mesmo que não coma,
dorme.

QUARTO DE COSTURA

Um óvulo imaginado,
espesso, fosco, amarelo,
pólen e penugem
que a mais potente das máquinas
ainda não inventada
abriria em universos.
O que parece indivíduo é vários.
Fosse boa cristã
entregava a Deus o que não entendo
e arrematava o bordado esquecido no cesto.
Tenho labirintite. Amei Aristóteles com fervor.
E por longo tempo deixei-o por Platão.
Enfadei-me, saudosa de carne e ossos,
acidez de sangue e suor.
O que deveras existe nos poupa perturbações,
sou uma vestal sem mágoas.
Terei o que desejo, carregando minha cruz
e morrendo nela.

JÓ CONSOLADO

Desperta, corpo cansado;
louva com tua boca a cicatriz perfeita,
o fígado autolimpante,
a excelsa vida.
Louva com tua língua de argila,
coisa miserável e eterna,
louva, sangue impuro e arrogante,
sabes que te amo; louva, portanto.
A sorte que te espera
paga toda vergonha,
toda dor de ser homem.

PINGENTES DE CITRINO

Tão lírica minha vida,
difícil perceber onde sofri.
Depois de décadas de reprimido desejo,
furei as orelhas.
Miúdos como grãos de arroz,
brinquinhos de pouco brilho
me tornam mais bondosa.
Fora minhas irmãs,
que também pagam imposto
ao mesmo comedimento,
quase ninguém notou.
Fiquei mais corajosa,
igual a mulheres que julgava levianas
e eram só mais humildes.

PREVISÃO DO TEMPO

O espírito de rebelião
também chamado de tristeza e desânimo
começou de novo sua ronda sinistra.
Sua treva e seu frio são de inferno.
Por causa de maio, esperava dias felizes;
e ensolarado até agora só o recado de Albertina,
escolhida pra cantar *Jesus é o pão do céu.*
Pão sem manteiga, Albertina,
é bom que o saiba.
É com ervas amargas que o comemos.

CONTRAMOR

O amor tomava a carne das horas
e sentava-se entre nós.
Era ele mesmo a cadeira, o ar, o tom da voz:
Você gosta mesmo de mim?
Entre pergunta e resposta, vi o dedo,
o meu, este que, dentro de minha mãe,
a expensas dela formou-se
e sem ter aonde ir fica comigo,
serviçal e carente.
Onde estás agora?
Sou-lhe tão grata, mãe,
sinto tanta saudade da senhora...
Fiz-lhe uma pergunta simples, disse o noivo.
Por que esse choro agora?

AVÓS

Minha mão tem manchas,
pintas marrons como ovinhos de codorna.
Crianças acham engraçado
e exibem as suas com alegria,
na certeza — que também já tive —
de que seguirão imunes.
Aproveito e para meu descanso
armo com elas um pequeno circo.
Não temos proteção para o que foi vivido,
insônias, esperas de trem, de notícias,
pessoas que se atrasaram sem aviso,
desgosto pela comida esfriando na mesa posta.
Contra todo artifício, nosso olhar nos revela.
Não perturbe inocentes, pois não há perdas
e, tal qual o novo,
o velho também é mistério.

DISTRAÇÕES NO VELÓRIO

Felipa ainda quente no caixão
e o que me vem à cabeça
é o vasilhame que areava até espelhar.
Com a mesma idade minha, só porque morreu,
não pode empoeirar-se num museu de fósseis
seu modo de arrematar qualquer assunto:
'É um problema, comadre.'
Existem as costas, o saco e o suportar.
E suportar que realidade tem?
E por que é abstrato, se dói tanto?
Felipa organizava bazares pra mães de periferias:
'Não têm noção de nada as coitadinhas,
um problema, comadre!'
Felipa, agora, como se diz na poética,
"descansa no seu leito derradeiro".
Como se não fosse morrer, rezo por sua alma
e demonstro mais contrição que seus parentes,
esforço meu para espantar a cobiça:
Com quem ficará a cruz de ouro que tão raramente
[usava?
Vou fazer um retiro, minha glicose subiu
e mesmo com comprimido demoro a pegar no sono.
Deus, tem piedade de mim.
Peço porque estou viva
e sou louca por açúcar.

CONTRADANÇA

Meu espelho me estranha,
despendo esforços injustificáveis
para amar um lugar que nem conheço.
Suspeito cidade crua, tudo pintado de fresco,
sem um musgo, um descascado no portão de ferro.
Como partícula em seu caráter instável,
sem história flutuo molestada
pelo gozo das trevas,
prazer maldito de uma certa dor.
Mas eis que a noite constela-se
e, com tanta acha de lenha
e tanta casca de pau,
já tenho como fazer uma fogueira bonita.
Espelho meu, estilhaça-te!
Escolho o baile,
quero rodopiar.

A QUE NÃO EXISTE

Meus pais morreram,
posso conferir na lápide,
nome, data e a inscrição: SAUDADES!
Não me consolo dizendo
'em minha lembrança permanecem vivos',
é pouco, é fraco, frustrante como o cometa
que ninguém viu passar.
De qualquer língua, a elementar gramática
declina e conjuga o tempo,
nos serve a vida em fatias,
a eternidade em postas.
Daí acharmos que se findam as coisas,
os espessos cabelos, os quase verdes olhos.
O que chamamos morte
é máscara do que não há.
Pois apenas repousa
o que não pulsa mais.

Miserere

*Nossos pais esperaram em vós e os livrastes.
A vós clamaram e foram salvos. Confiaram
em vós e não foram confundidos.*

Do Salmo 21

SALA DE ESPERA

A Bíblia, às vezes, não me leva em conta,
tão dura com minha gula.
Nem me adiantou envelhecer,
partes de mim seguem adolescentes,
estranhando privilégios.
Nunca me senti moradora,
a sensação é de exílio.
Criancinha de peito, essa já sabe,
seu olhar muda quando desmamada.
Tudo é igual a tudo,
mas por agora a unidade nos cega,
daí o múltiplo e suas distrações.
Deus sabe o que fez.
Mesmo com medo escrevo
que é 1º de julho de 2011.
Parece póstumo, parece sonho.
Alguma coisa não muda,
minha fraqueza me põe no caminho certo.
Deus nunca me abandonou.

O HOSPEDEIRO

Ainda que nasça em mim, não me pertence.
Tal qual um olho ou braço esta piedade,
o purgatório de ver a pena alheia
como se não sofresse eu mesma.
Só pode ser Deus a morte,
tão aterrorizante em seu mistério,
em seu mutismo. A opaca.
Mórbida congênita, me apodam,
este é o preço por teu nascimento
no centro do miolo de Minas.
Eu sei. E sou mais,
melancólica, quase triste.
Padeci muito vergonhas paralisantes,
nem por isso civilizei minha fome,
dentes pra destroçar bananas,
carnes roídas até os ossos.
Me esforço por olhar nos olhos
quem desde que nasci me olha fixo
esperando de mim um assentimento
— ainda que humana e fracamente,
ainda que inepto e bruto —,
um sim.
Tem braços acolhedores
e vem cheia de vida.
É Deus a poderosa morte.

ANTES DO ALVORECER

O morto não morre,
não há colo nem cruz
onde repouse o que palpita cego
e lancinante pervaga.
Sei que me olha de uma fenda quântica,
mas eu o queria aqui junto comigo,
delirante, fraco, mas comigo,
junto comigo, o meu querido irmão.
Numa carta longínqua me escreveu
'Somos de Deus, irmã'.
Uma bela antífona ao choro desta noite
até que chegue a manhã.

CAPELA SISTINA

Expropriando a palavra
do 'r' impossível à sua língua gentia,
o padre falava perturbado de pânico:
'Eternidade! Palavra *horível*! Preparai-vos!'
Circundava-o e a nós no apertado redil
a própria mão de Deus.
Então o que fazer com pastos,
grinalda de nuvens sobre os morros,
neblina criando abismos,
inefáveis belezas entre véus?
Que palavras escuras eram aquelas
sopesadas de raios?
Eternidade? E a relva?
E repousar nela sem interdições,
sem ninguém me gritar: ô preguiçosa.
Céu de estrelas, sustos novos,
calores bons e esquisitos à vista de meninos.
As axilas da mãe me protegiam,
virtuoso amuleto o cinto com que o pai me batia.
Eles não iam morrer.
Estávamos seguros contra Deus e a eternidade horrível.
Até que dormiram pela última vez
e pela primeira vez eu fiquei velha.
Minha casamata agora,

as axilas do Deus de Michelangelo,
profundas, musculosas, bravas,
abundantes do suor de quem trabalha duro.
— Uma doutrina severa faz sofrer,
mas a ninguém perderá se for doutrina bela.

CRUCIFIXÃO

Quando nada socorre
e até a solicitude dos que nos têm amor parece engano,
o ente sinistro ronda.
Estás sozinho e não é no deserto,
no mar aberto não é,
lugares onde ainda se pode debater.
É antes da explosão que resultou no mundo,
quando eram uma coisa só adoração e blasfêmia,
o desumano limite onde deuses imperfeitos te castigam.
Ali, como um cordeiro de Deus descobrirás:
Minha vida é eterna e eu sou bom.

A CRIATURA

Domingo escuro, sensação de desterro, a vida difícil.
Sofre-se muito e cada vez mais,
também porque as vigílias são mais longas.
Ainda que durmas, deves-te levantar e cuidar da vida,
sujeitar-te à pouca destreza de um corpo
que não aprende as sutilezas da alma
e a todo instante perturba-te o repouso.
Precisas comer, limpar-te, mostrar-te apresentável
a quem chama na porta, salvar-te com compostura
do teu destino metabólico,
dormir na própria cruz sem sobressaltos,
como um bebê brincando com suas fezes.
Ó meu Deus, dizer o que disse
e não ter dúvidas de que escrevi um poema
é saber na carne: verdadeiramente
dar-Vos graças é meu dever e salvação.

SACRAMENTAL

É um modo de expiação a que nada escapa,
a árvore seca, o padre cansado
tomando comprimidos pra dormir,
a esforçada alegria de quem não sabe que é triste.
Vidas a meu encargo, interpoladas de excesso, falhas
por onde altissonante o vozerio dos mortos nos avisa.
Mas no grande Bazar ninguém escuta,
a semijoia, a missa temática
falam a mesma língua e têm o mesmo preço
do 'Concurso de miss pra criancinhas'.
Dia após dia,
o homem cuidou de sua irmã enferma
e no dia em que ela morreu foi à cozinha
como sempre fazia àquela hora da tarde
e tomou duas cervejas.
Não pegou em armas contra o aguilhão da morte.
Ó Deus, perdoai-me o equivocado zelo em Vos servir,
o não tomar cerveja por orgulho
de ser a mãe perfeita dos viventes.

O QUE PODE SER DITO

Quase indizível o experimento histórico,
porque o mês é setembro,
o ano, o de 2011
e às três da manhã me percebo acordada
me equilibrando à beira de um buraco
de que só agora meço o fundo e escuto
a radiação contínua de uma dor
por anos de distração ignorada.
Quem pode me consolar
a não ser Vós, face desfigurada de solidão e tormento?
Que fiz eu, desatenta a vida inteira?
Com que ocupava as horas
quando, à minha frente, muda
levantáveis os olhos para mim
esperando mais que migalhas?
Chorem comigo, céus,
para que o desvão transborde.
Me socorre, pai, mãe, me socorre,
irmãos meus, ancestrais, pecadores todos.
Quem viu o que vejo
venha me socorrer.
Sempre quis ver Jesus
e Ele esteve comigo o tempo todo.
Só era preciso um olhar,

um olhar atento meu.
Era só ficar junto e de modo perfeito
tudo estaria bem, de modo miraculoso.
Ó Vós que me fizestes,
bendigo-Vos pela cruz
da qual ainda viva me desprendes.
Eu não preciso mais acreditar.
Na minha carne eu sei que sois o amor
e é dele que renasço
e posso voltar a dormir.

FEIRA DE SÃO TANAZ

Os peixes me olham
de suas postas sangrentas.
Falta modéstia às frutas.
De ponta a ponta, barracas,
quero fugir dali
acossada pelos tomates
de inadequado esplendor.
Compro dois nabos para comê-los crus,
feito um eremita em sua horta.
Não por virtude,
por orgulho talvez travestido do júbilo
que me vendeu o diabo
em sua tenda de enganos.

LÁPIDE PARA STEVE JOBS

A Deus entrego meus pecados,
entrego-os a quem pertencem,
não a Satanás que é um dos nossos
e sofre também o tormento dos filhos
que têm o Pai ocupado em alimentar pardais.
Nem torres que tocam a lua,
ou o que quer que nos roube o fôlego,
fazem assomar Seu rosto.
Por que nos abandonastes?
Vosso Filho soube, na obediência da morte,
e o que se viu foi só um tremor rasgando a pele da terra.
Alguém no derradeiro instante exclamou Oh! Oh!
E fechou os olhos.
Eu não tenho aonde ir, tudo me ignora,
ignoro tudo, pois sou natureza.
Um beija-flor enfia numa flor natalina
o seu bico comprido e come e bebe e voa,
não pousa no meu ombro,
não bebe do meu olho a água de sal.
Por agora, o que me faz prosseguir
é sua indiferença. Esta ausência de milagre.

ESPASMOS NO SANTUÁRIO

Pesam como maus-tratos
as verdades que falo ao dissonante,
ao feio que pede amor.
Um susto me marcou,
como castigo perpétuo me acompanha.
Mesmo que ninguém saiba
se alguma vez gargalhou,
ou minimamente riu,
Jesus falou de Deus:
"Não tenhais medo, pequenino rebanho,
o Pai vos ama."
Por desventura eu não teria fé?
Então, que nome tem este desejo meu
de beijar o corpo onde a ferida sangra?
Do banco dos neófitos é que rezo.
No Santo dos Santos,
no corpo vivo não toco,
tenho pouca inocência,
nem ao menos sei
se quero convictamente
amansar o coração,
limpar minha língua turva.
Daqui, onde todos descansam,
escuto um fragor de espadas.
Estou viva. É só isto que eu sei.

PONTUAÇÃO

Pus um ponto final no poema
e comecei a lambê-lo a ponto de devorá-lo.
Pensamentos estranhos me tomaram:
numa bandeja de prata
uma comida de areia,
um livro com meu nome
sem uma palavra minha.
O medo pode explodir-nos,
é com zelo de quem leva sua cruz
que o carregamos.
Por isso, Deus, Vossa justiça é Jesus,
o Cordeiro que abandonastes.
Assim, quem ao menos se atreve
a levantar os olhos para Vós?
O capim cresce à revelia de mim,
não há esforço no cosmos,
tudo segue a si mesmo,
como eu agora fazendo o que sei fazer
desde que vim ao mundo.
Sou inocente,
pois nem este grito é meu.

PENTECOSTES

Moro em casa de herança,
uma edificação com aposento que evito
paralisada por seu ar gelado.
Ocupo pequeno cômodo
onde até virtudes, algum riso
e sementes de alegria, ainda intactos,
guardam alguma vida.
Olho o grande portão sem me mover,
o medo me tem ao colo, o sorridente demônio:
'Você está muito doente,
deixa que te cuido, filhinha,
com os unguentos do sono.'
Como um bicho respirando perigo,
às profundezas de que sou feita
rezo como quem vai morrer,
salva-me, salva-me.
O zelo de um espírito
até então duro e sem meiguice
vem em meu socorro e vem amoroso.
Convalescente de mim,
faço um carinho no meu próprio sexo
e o nome desse espírito é coragem.

Pomar

*A figueira já começa a dar os seus figos e
a vinha em flor exala os seus perfumes.*

Do Cântico dos Cânticos

POMAR

Os açúcares das frutas
me arrombaram um jardim
a meio caminho de trincar nos dentes
a doce areia, seus cristais de mel.
À vibração do que chamamos vida,
onde os adjetivos todos desintegram-se,
o Senhor da vida olhava-me
como olham os reis
as servas com quem se deitam.
Desde agora, pensei, basta dizer
'os açúcares das frutas'
e o jardim se abrirá
sob o mesmo poder da antífona sagrada:
"Ó portas, levantai vossos frontões!"

RAPTO

À hora em que nada parece estar errado,
nem os monturos com seus sacos plásticos,
o invisível te arrepia os pelos.
Uma vez, num bando de passarinhos
disputando sementes.
Hoje, na grama baixa onde cabras pastavam.
Quando a máxima atenção te deixa distraído,
o sequestrador te pega
e diferente daqui
conhecerás o lugar
onde quem desperta repousa.

O PAI

Deus não fala comigo
nem uma palavrinha das que sussurra aos santos.
Sabe que tenho medo e, se o fizesse,
como um aborígine coberto de amuletos
sacrificaria aos estalidos da mata;
não me tirasse a vida um tal terror.
A seus afagos não sei como agradecer,
beija-flor que entra na tenda,
flor que sob meus olhos desabrocha,
três rolinhas imóveis sobre o muro
e uma alegria súbita,
gozo no espírito estremecendo a carne.
Mesmo depois de velha me trata como filhinha.
De tempestades, só mostra o começo e o fim.

INVERNO

A árvore na montanha
me chama a ver do alto
o sol derreter a bruma.
Sob o que parece um oceano cinzento
não se enxerga o vergel, os bois.
Lanternas criam halos maravilhosos,
de um navio parado em alto-mar.
O onipresente vapor evanesce as imagens,
exsuda, pela respiração do criador das coisas,
a beleza linfática do mundo.
Provada no corpo é fria.
Na alma expandida é gozo.

INCONCLUSO

O dia em sua metade
e o calor do corpo ainda não me deixou.
Ele estava em minha casa e ia comer conosco.
Enquanto a mãe cozinhava,
esgueirou-se e disse no meu ouvido:
Quero falar com você.
Vamos até ali, respondi abrasada,
medrosa de que alguém nos visse.
Chegara com um frango depenado
— o que não me abalava o enlevo —
como se me testasse:
A quem não ama seu corpo,
sua alma lhe fecha a porta.
Ai, que meu pai não me visse assim tão ofegante
e estumasse seu nariz perdigueiro
à cica que me entranhava.
O sonho acabou aqui, onde estou até agora
ardente e virgem.

ENCARNAÇÃO

Sem quebrantar-me,
forte doçura até os ossos me toma.
Não há estridência em mim.
Fibrila o que mais próximo
posso chamar silêncio,
ainda assim palavra,
uma interjeição,
o murmúrio adivinhado
de um rio subterrâneo
no útero da mãe quando ela estava feliz
e o meu sangue era o dela
e sua respiração
a minha própria vida.
Quando o espírito vem
é no corpo
que sua língua de fogo quer repouso.

NOSSA SENHORA DOS PRAZERES

No que se pode chamar de rua,
em cores vivas, casas geminadas,
um esgoto de cozinha a céu aberto,
a água de sabão meio azulada,
muitas galinhas
e um galo formoso arreliando.
Se soubesse pintar informaria
de um verde quebradiço, as hortaliças
e pequenas coisas douradas esvoaçantes,
luz entre ramagens.
A igreja está fechada.
Não tendo mais o que fazer
a não ser esperar
que uma certa galinha vire meu almoço,
minha reza é deitar na pedra quente,
satisfeita e feliz como lagartixa no sol.

DO VERBO DIVINO

Três aves juntas limpam-se as penas
e param imóveis
no mesmo instante em que intento dizer-me
da perfeita alegria.
Ninguém acreditará,
me empenho em fechar os termos
desta escritura difícil
e estão lá as três,
estáticas como a Trindade Santíssima.
Faz tempo que estou aqui
com medo de levantar-me
e descosturar o inconsútil.
Mudam de galho as três,
uma licença pra eu também me mover
e escapar como as rolas
da perfeição de ser.

NUM JARDIM JAPONÊS

Ao minuto de gozo do que chamamos Deus,
fazer silêncio ainda é ruído.

Aluvião

O reino dos céus é semelhante a um tesouro escondido num campo. Um homem o encontra mas esconde de novo. E cheio de alegria, vai, vende tudo que tem para comprar aquele campo.

Mateus 13,44

QUALQUER COISA QUE BRILHE

São eternos esta oficina mecânica,
estes carros, a luz branca do sol.
Neste momento, especialmente neste,
a morte não ameaça, pois não existe.
Ainda que se mova, tudo é parado e vive,
num mundo bom onde se come errado,
delícia de marmitas de carboidrato e torresmos.
Como gosto disso, meu deus!
Que lugar perfeito!
Ainda que volta e meia alguém morra, é tudo muito
[eterno,
só choramos por sermos condizentes.
Necessito pouco de tudo,
já é plena a vida,
tanto mais que descubro:
Deus espera de mim o pior de mim,
num cálice de ouro o chorume do lixo
que sempre trouxe às costas
desde que abri os olhos,
bebi meu primeiro leite
no peito envergonhado de minha mãe.
Ofereço cantando, estou nua,
os braços erguidos de contentamento.
Sou deste lugar,

com tesoura cega cortei aqui meu cabelo,
sedenta de ouro esburaquei o chão
atrás do que brilhasse.
Pois o encontro agora escuro e fosco
no dia radioso é único e não cintila.
Veio de Vós. A vida. Do opaco. Do profundo de Vós.
Abba! Abba! Aceita o que me enoja,
gosma que me ocultou Teu rosto.
Vivo do que não é meu.
Toma pois minha vida
e não me prives mais
desta nova inocência que me infundes.

SUMÁRIO

Sarau

    Branca de Neve   9
    A paciência e seus limites   11
    A sempre-viva   13
    Senha   15
    Uma pergunta   17
    Humano   19
    Quarto de costura   21
    Jó consolado   23
    Pingentes de citrino   25
    Previsão do tempo   27
    Contramor   29
    Avós   31
    Distrações no velório   33
    Contradança   35
    A que não existe   37

Miserere

    Sala de espera   41
    O hospedeiro   43

Antes do alvorecer   45
Capela Sistina   47
Crucifixão   49
A criatura   51
Sacramental   53
O que pode ser dito   55
Feira de São Tanaz   57
Lápide para Steve Jobs   59
Espasmos no santuário   61
Pontuação   63
Pentecostes   65

Pomar

Pomar   69
Rapto   71
O pai   73
Inverno   75
Inconcluso   77
Encarnação   79
Nossa Senhora dos Prazeres   81
Do verbo divino   83
Num jardim japonês   85

Aluvião

Qualquer coisa que brilhe   89

OBRAS DA AUTORA

Poesia

Bagagem. Imago: 1976. Record: 2003; 33ª edição, 2012.
O coração disparado. Nova Fronteira: 1978. Record: 2006; 3ª edição, 2012.
Terra de Santa Cruz. Nova Fronteira: 1981. Record: 2006.
O pelicano. Guanabara: 1987. Record: 2007.
A faca no peito. Rocco: 1988. Record: 2007.
Poesia reunida. Siciliano: 1991.
Oráculos de maio. Siciliano: 1999. Record: 2007; 5ª edição, 2013.
A duração do dia. Record: 2010; 4ª edição, 2013.
Reunião de poesia. BestBolso: 2013; 3ª edição, 2014.
Miserere. Record, 2013. 5ª edição, 2014.

Prosa

Solte os cachorros. Nova Fronteira: 1979. Record: 2006.
Cacos para um vitral. Nova fronteira: 1980. Record: 2006.
Os componentes da banda. Nova Fronteira: 1984. Record: 2006.
O homem da mão seca. Siciliano: 1994. Record: 2007.
Manuscritos de Felipa. Siciliano: 1999. Record: 2007.

Prosa reunida. Siciliano: 1999.
Filandras. Record: 1ª edição, 2001; 6ª edição, 2012.
Quero minha mãe. Record: 1ª edição, 2005; 5ª edição, 2011.
Quando eu era pequena (infantil). Record: 2006; 15ª edição, 2013.
Carmela vai à escola (infantil). Record: 2011; 3ª edição, 2013.

Antologias

Mulheres & mulheres. Nova Fronteira: 1978.
Palavra de mulher. Fontana: 1979.
Contos mineiros. Ática: 1984.
Antologia da poesia brasileira. Embaixada do Brasil em Pequim: 1994.

Traduções

The Alphabet in the Park. Seleção de poemas com tradução de Ellen Watson. Publicado por Wesleyan University Press — 1990.
Bagaje. Tradução de José Francisco Navarro, SJ. Publicado pela Universidad Iberoamericana no México.
The Headlong Heart. Tradução de Ellen Watson. Publicado por Livingston University Press, 1988.
Poesie. Antologia em italiano, precedida de estudo do tradutor Goffredo Feretto. Publicada pela Fratelli Frilli Editori, Gênova, 2005.

Este livro foi composto na tipologia Minion Pro
Regular, em corpo 12/17, e impresso em papel
off-white 90g/m², no Sistema Digital Instant Duplex
da Divisão Gráfica da Distribuidora Record.